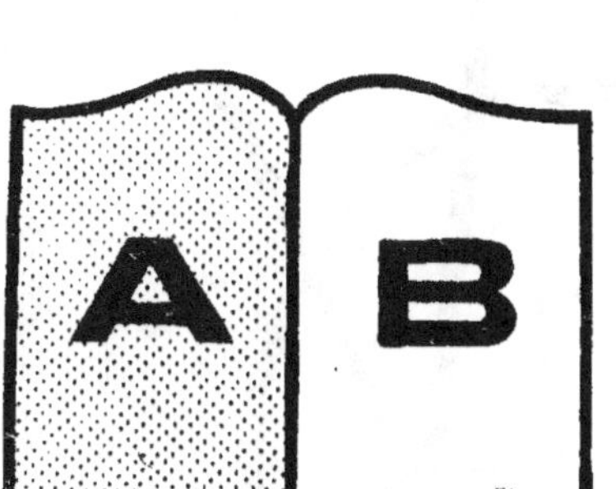

Contraste insuffisant
NF Z 43-120-14

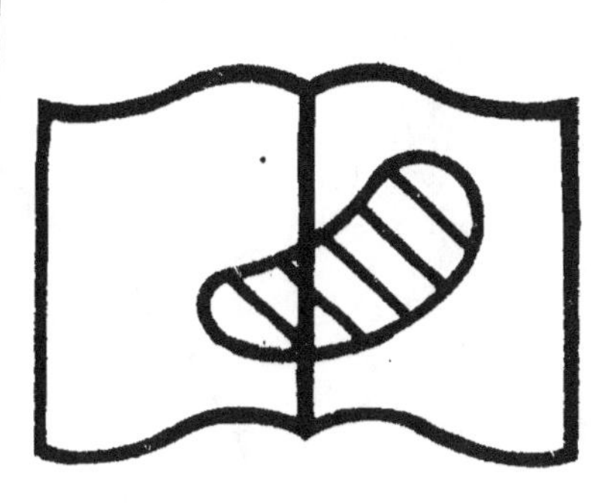

Illisibilité partielle

Valable pour tout ou partie
du document reproduit

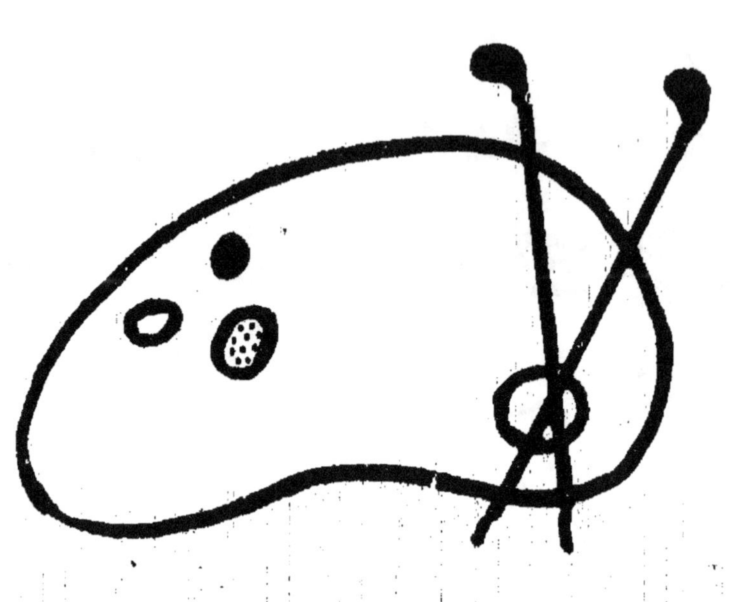

Couvertures supérieure et inférieure
en couleur

Ulysse CHEVALIER

LE SAINT SUAIRE DE TURIN

EST-IL L'ORIGINAL OU UNE COPIE ?

ÉTUDE CRITIQUE

CHAMBÉRY

IMPRIMERIE Vte MÉNARD, RUE JUIVERIE

—

1899

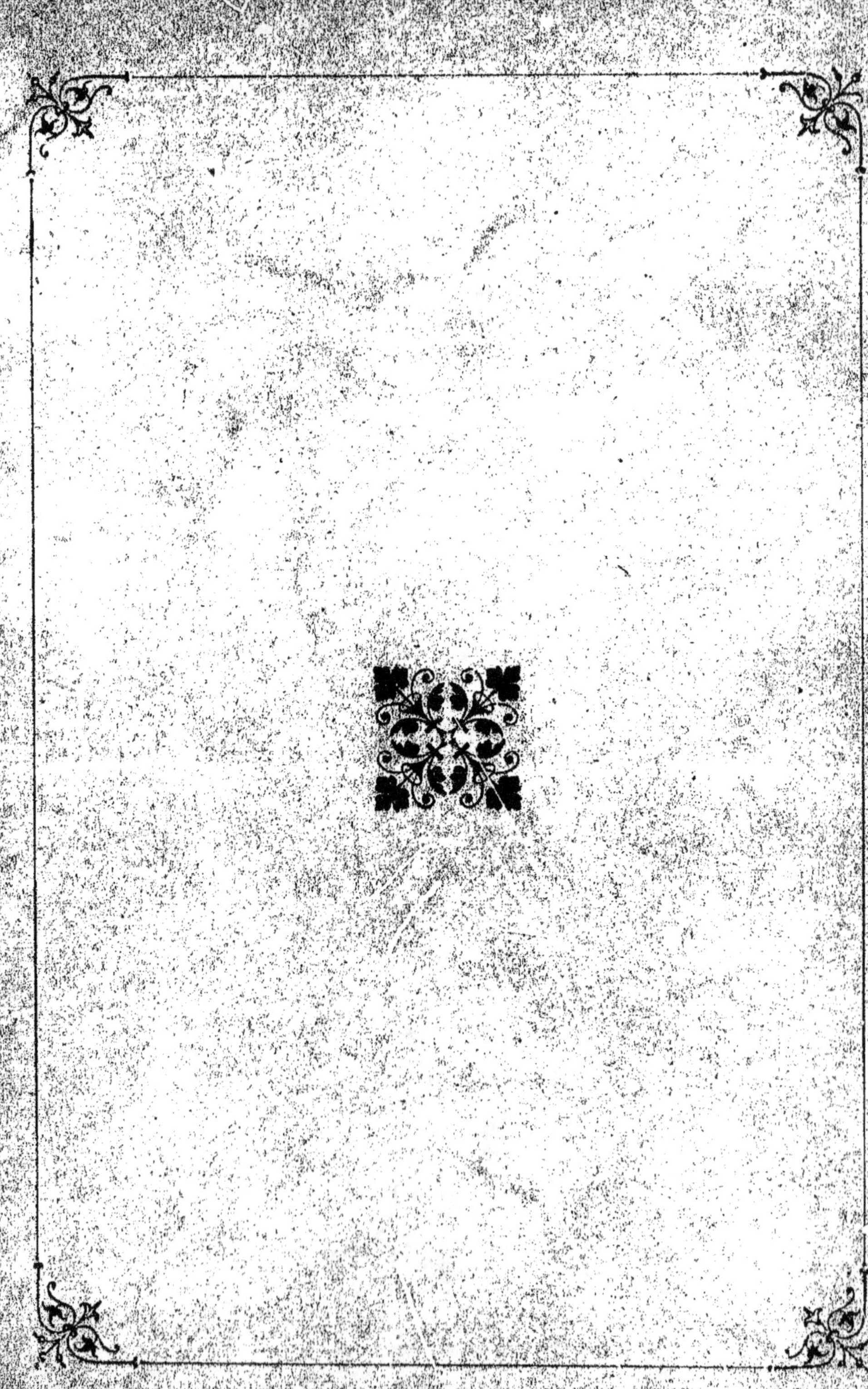

LE SAINT SUAIRE DE TURIN

Ulysse CHEVALIER

LE SAINT SUAIRE DE TURIN

EST-IL L'ORIGINAL OU UNE COPIE ?

ÉTUDE CRITIQUE

CHAMBÉRY

IMPRIMERIE Vᵛᵉ MÉNARD, RUE JUIVERIE

1899

IMPRIMATUR.

Valentiæ, die 20ᵃ maii 1899.

L. CHOSSON, *vic. gen.*

LE SAINT SUAIRE DE TURIN

EST-IL L'ORIGINAL OU UNE COPIE ?

Etude critique

Toutes les feuilles catholiques ont parlé, plus ou moins longuement, de l'*ostension* du saint Suaire de Turin, qui eut lieu l'année dernière, au mois de mai, en même temps que s'ouvrait l'exposition d'art sacré, due à l'initiative des catholiques italiens. Le roi d'Italie et sa cour ont vénéré le sacré linceul ; la garnison a défilé par pelotons avec respect. Les populations sont venues en foule. Après hésitation, on a autorisé un artiste amateur de Turin, M. l'avocat Secondo Pia, à photographier le saint Suaire à la lumière électrique. Le négatif, reproduit à son tour, a donné un positif où les moindres détails du corps et des membres sont venus avec une netteté qui a fait parler de miracle.

Le point que je veux traiter est indépendant de la piété des fidèles et des grâces qu'elle peut leur obtenir. Le suaire de Turin est-il l'original ou une copie ? La solution de la question dépend de l'histoire de la relique, aujourd'hui conservée dans la chapelle du *Duomo,* dite *del Ss. Sudario,* sanctuaire de la famille roy..le à Turin. L'auteur d'un des meilleurs articles sur la question actuelle, M. RABOISSON, s'exprimait naguère ainsi à ce sujet (1) : « Il nous serait possible, assez facile même, de suivre le saint Suaire, de tracer ses migrations, avec pièces à l'appui, depuis la moitié du XIVe siècle — vers l'année 1356 — ... Pour les époques plus reculées, je dois le reconnaître, nous manquons de documents authentiques. Je n'ai pu retrouver que deux textes, l'un de Guillaume de Tyr..., l'autre de Robers *(sic)* de Clari... » Il était facile d'en recueillir un plus grand nombre, en parcourant le *Recueil des historiens des Croisades* ou simplement les *Exuviæ sacræ Constantino-politanæ* du comte RIANT (2) ; mais il n'importe, car rien ne prouve que ces textes se rapportent au suaire de Turin. « Quant à rechercher, pour-suit le journaliste, les documents anciens qui pourraient nous fixer sur les différentes demeures occupées par le saint Suaire pendant les douze premiers siècles de l'Eglise, et établir une tradi-tion ininterrompue de respect et d'inviolabilité de la sainte relique, serait chose difficile, mais assu-rément chose oiseuse désormais. A quoi bon autant d'efforts d'érudition, dont le succès même, s'ils

(1) *La Vérité,* numéro du 28 juillet 1898, p. 2.
(2) Voir à la table du t. II, aux mots *Sindon* et *Sudarium.*

pouvaient en avoir, serait toujours discuté ? Nous avons mieux... L'Homme-Dieu, voulant laisser sur son linceul l'image de sa personne, a pris des précautions contre les objections, les *ergotages* (c'est l'auteur qui souligne) des hommes, en n'y laissant qu'une image *négative,* qui aurait besoin un jour du concours de la photographie pour se montrer dans sa réalité, pour être rendue *en valeur*. Voilà la caractéristique de l'œuvre divine, le certificat d'origine qui relègue bien loin et bien bas toutes les chartes, tous les diplômes et manuscrits des savants. Qu'avons-nous besoin de savoir l'histoire entière de la relique vénérée à Turin ?... »

M. Raboisson a-t-il eu vent de l'existence des documents et faits que je vais exhumer ? On le croirait, en voyant avec quelle irrévérencieuse désinvolture il récuse l'autorité des chartes et des savants en cette matière. L'Eglise, on l'a dit avec autorité, ne craint pas la lumière : on va voir, en l'espèce, que celle des titres écrits est parfois plus éclatante que les merveilles de l'électricité.

Parmi les livres qui ont contribué à *la renaissance des études liturgiques* en France, je signalais, il y a peu de mois (1), les *Mélanges relatifs au diocèse de Troyes* de l'abbé Ch. LALORE. Les deux séries qui en ont paru sont la réimpression

(1) *L'Université cathol.,* t. XIX, p. 460 ; 2ᵉ *Mémoire,* p. 34.

posthume d'articles publiés par l'auteur dans la *Revue catholique* du diocèse de Troyes. Leur contenu mériterait d'être signalé, non moins que les autres productions, fort nombreuses et toutes intéressantes, du vénérable chanoine de la cathédrale de Troyes, mort prématurément en mars 1890. Il figurerait, comme caractère et comme science, très honorablement, plus avantageusement que bien d'autres, dans la galerie des *Contemporains* de nos feuilles religieuses. On n'aurait d'ailleurs qu'à reproduire la notice, écrite avec beaucoup de tact par son confrère et ami, M. l'abbé Ch. NIORÉ, secrétaire de l'évêché de Troyes.

Bien avant que le suaire de Turin attirât, à l'occasion de la dernière ostension solennelle, l'attention du monde chrétien, M. Lalore en avait fait (mars 1877) l'historique (1). Il est à tout le moins étrange — ou plutôt conforme à l'apathie et à la légèreté, en sens divers, de notre époque — que dans les nombreux articles consacrés aux fêtes de Turin et à la photographie qui fit crier au miracle, personne n'ait songé à rechercher les origines véritables de l'insigne relique. L'abbé Lalore l'avait fait avec compétence, conscience et impartialité. Son article est concis, mais les sources exactement indiquées. J'aurais pu lui donner

(1) *Revue cathol.*, 9 et 16 mars 1877 ; *Mélanges,* t. II, p. 66-72.

une autre forme, en y ajoutant le fruit de mes propres recherches ; il m'a semblé plus loyal et plus concluant de le reproduire textuellement, sauf à l'accompagner de rectifications et d'additions, parmi lesquelles le texte intégral du document capital dont il n'avait donné que l'analyse, de le faire suivre enfin de quelques réflexions pour en établir la portée.

Donnons donc la parole au docte chanoine :

HISTORIQUE DE L'IMAGE DU S. SUAIRE DE JÉSUS-CHRIST PRIMITIVEMENT A LIREY (AUBE) ET MAINTENANT A TURIN.

On lit dans l'Evangile de saint Jean : *Simon Pierre entra dans le sépulcre et vit les linceuls posés à terre et le suaire qui avait couvert la tête* (du Sauveur) *séparé des linceuls et plié à part.* (JOAN. XX, 5 et 6.)

Parmi les linges sacrés de la Passion, les plus célèbres sont les Véroniques et les Suaires de Cadouin, de Cahors, de Compiègne, de Carcassonne, de Besançon et de Turin (1). Ce dernier, qui pendant plus de 500 ans a suscité tout à la fois tant d'oppositions et tant de manifestations enthousiastes, provient de l'ancienne collégiale de Lirey (Aube), sur la Mogne, à 19 kilom. de Troyes et à 6 kilom. de Bouilly. Nous voulons retracer briève-

____

(1) [Parmi les reliques dont on fit la reconnaissance, en 1152, dans la cathédrale de Saint-Trophime d'Arles, figurait « quidam pannus lineus pendens in throno ecclesie, dum ecclesia est parata, qui pannus est sutus cum quodam panno aureo, in quo panno lineo fuit D. N. Jhesus Christus

ment les annales si peu connues de ce Suaire, ses diverses migrations et les principales péripéties de son existence.

La collégiale de Lirey fut fondée et dotée authentiquement par Geoffroy Ier de Charny, chevalier, seigneur de Savoisy et de Lirey (1), le 20 juin 1353. Le pape Innocent VI approuva cette fondation par une bulle, le 30 janvier 1354, et trois bulles subséquentes, données au mois de février de la même année, constituèrent d'une manière définitive le nouvel établissement ecclésiastique et l'enrichirent de droits et privilèges (2).

Le pieux fondateur, entre autres reliques, vases sacrés et objets précieux, donna à l'église de Lirey et fit exposer à la vénération publique *une image ou représentation du Suaire de Notre-Seigneur Jésus-Christ* (3).

Comment ce linge vénéré, qui dans tous les documents antérieurs à la seconde moitié du quinzième siècle est invariablement désigné sous le nom d'*image ou représentation du Suaire de Jésus-Christ,* arriva-t-il aux

involutus ». On en rencontrerait sûrement dans d'autres inventaires. — Une copie du suaire de Turin — « una de las sabanas santas en que fue envuelto el cuerpo de Christo senor nuestro » — fut donnée, entre 1637 et 1641, à l'abbaye bénédictine de Silos (Vieille-Castille), où elle attire encore de nos jours une foule nombreuse le 3 mai.]

(1) [Il mourut à la bataille de Poitiers (19 déc. 1356); plusieurs manuscrits ont conservé des ouvrages en prose et en vers de sa façon (Arthur PIAGET, *Le livre messire Geoffroi de Charny,* dans *Romania,* 1897, t. XXVI, p. 394-411).]

(2) Archiv. de l'Aube, F[onds de] Lirey.

(3) Quamdam figuram sive representationem Sudarii D. N. J. C. (*Bulla* Clementis VII, in *Chronicon* Cornelii ZANTFLIET, ad an. 1449.)

mains de Geoffroy de Charny ? En 1389, Geoffroy II, fils du fondateur de Lirey, expose dans une bulle de Clément VII (1) que cette image a été donnée à son père *(liberaliter oblatam)* ; et Marguerite de Charny, petite-fille de Geoffroy 1er, affirme en 1443, devant la cour de Dôle (2), que son grand-père a conquis le Suaire de Lirey dans une expédition militaire *(bello partum)*.

A peine déposée dans l'église collégiale de Lirey, l'image du saint Suaire attira de tous côtés les foules et en même temps les aumônes ; mais elle fut bientôt arrachée à la dévotion publique ; le pape Clément VII nous apprend que la guerre, la peste et surtout une ordonnance lancée par Henri de Poitiers, évêque de Troyes, motivèrent l'éloignement de l'image vénérée. Elle fut transférée en lieu sûr et gardée avec un respect religieux jusqu'en 1388 (3).

Alors Geoffroy II de Charny avait succédé à son père ; désirant replacer l'image du saint Suaire dans l'église de Lirey, nonobstant l'ancienne ordonnance de l'évêque de Troyes, il sollicita à cet effet un indult de Pierre de Thurey, cardinal du titre de Sainte-Suzanne, légat de Clément VII, accrédité à la cour du roi Charles VI. Le légat, conformément au désir de Geoffroy, lui permit *d'exposer ou de faire exposer l'image ou représentation du saint Suaire avec les honneurs convenables et en lieu décent dans l'église de Lirey* (4) ; d'ailleurs le seigneur de Lirey avait obtenu des lettres de Charles VI, à l'appui

(1) *Ibid.*
(2) CHIFFLET, *De linteis sepulchral[ibus Christi Servat.,* 1624]*, p. 106.
(3) *Bulla* Clementis, *ibid.*
(4) *Ibid.*

de la permission donnée par le légat (1). Ces manœuvres émurent vivement Pierre [d'Arcis], évêque de Troyes. Dans son synode de 1389, il enjoignit de la manière la plus expresse aux curés du diocèse et à tous prédicateurs de ne jamais parler en chaire, soit en bien soit en mal, de l'image du saint Suaire ; puis il défendit au doyen de Lirey, sous peine d'excommunication, de faire à l'avenir l'ostension de l'image vénérée jusqu'à ce que le pape eût prononcé. Le doyen en appela au Saint-Siège et il continua d'exposer solennellement l'image en question (2).

Cependant Pierre d'Arcis, entouré d'une commission de théologiens, rédige un mémoire explicite sur la question ; d'un côté, il établit que le suaire de Lirey n'est pas le vrai suaire de Jésus-Christ, mais qu'il en est seulement une image ou représentation et qu'il a été peint de main d'homme ; d'un autre côté, il montre que toutes les cérémonies qui accompagnent l'ostension de ce suaire exposent les âmes faibles et ignorantes au péril d'idolâtrie (3). Ce mémoire est adressé à Clément VII et au roi (4).

Mais déjà le messager qui avait été dépêché à la cour d'Avignon par le chapitre de Lirey rapportait un rescrit de Clément VII à l'adresse de Geoffroy de Charny. Le pape confirmait la permission donnée par le légat Pierre

(1) Chifflet, *ibid.*, p. 101.
(2) *Bulla* Clementis, *ibid.*
(3) Chifflet, *ibid.*, p. 101. Les chanoines de Lirey, outrepassant les termes de l'indult du légat Pierre de Thurey, qui permettait *figuram seu representationem Sudarii congruo honore et decenti loco poni,* exposaient le Suaire *cum maxima pompa, facibus, vestibus sacris, e celso pegmate.*
(4) Archiv. de l'Aube, *Invent. de l'Evêché,* 1519.

de Thurey et autorisait les chanoines à exposer publiquement la représentation du saint Suaire, malgré la défense de l'évêque de Troyes ; de plus, le pape imposait à l'évêque le *perpetuum silentium* sur cette question (1).

A la cour de France, cette affaire prenait une autre tournure : au reçu du mémoire de l'évêque de Troyes, le roi révoquait, le 4 août 1389, la permission octroyée à Geoffroy de Charny et au chapitre de Lirey (2). Peu de temps après, en vertu d'une commission émanant du Parlement, le bailli de Troyes requit les doyen et chanoines de la collégiale de livrer l'image du saint Suaire pour être transportée à Troyes ; mais le doyen résista et interjeta appel au Parlement (3).

Enfin, par un rescrit du 6 janvier 1390, Clément VII lui-même, tout en laissant aux chanoines de Lirey la permission d'exposer l'image du saint Suaire, interdit les cérémonies incriminées par l'évêque de Troyes ; de plus, celui qui fera l'ostension de l'image devra crier à haute voix que cette image ou représentation n'est pas le vrai Suaire de Notre-Seigneur Jésus-Christ, mais seulement une peinture, un tableau qui figure ou représente le vrai Suaire (4).

(1) *Bulla* Clementis, *ibid.*

(2) CHIFFLET, *ibid.*, p. 101.

(3) Archiv. de l'Aube, *Invent. de l'Evêché*, 1519.

(4) Bibliot. Nation. Franç. [*lire* fonds latin] Ms. 10110, fol. 113 r°. [En raison de l'importance capitale de cette pièce pour la question, on sera bien aise d'en trouver ici le texte complet :

Clemens etc., ad futuram rei memoriam.

Apostolice Sedis providencia circumspecta nonnunquam concessa per eam modificat, ac circa illa

On pourrait *ergoter* contre la valeur probante de cette pièce, à deux points de vue : — 1° Le texte contenu dans le ms. 10410 n'est pas l'original,

statuit et disponit prout rerum et temporum qualitas exigit et id conspicit in Domino salubriter expedire. Dudum siquidem pro parte dilecti filii nobilis viri Gaufridi, domini loci de Lireyo, Trecensis diocesis, nobis exposito, quod nuper dilecto filio nostro Petro, tituli Sancte Susanne presbitero cardinali, pro parte ejusdem Gaufridi exposito, quod olim genitor ipsius Gaufridi zelo devocionis uccensus, quandam figuram sive representationem Sudarii domini nostri Jhesu Christi sibi liberaliter oblatam, in ecclesia Beate Marie de Lireyo, dicte diocesis, cujus ipse fundator extitit, venerabiliter collocari fecerat, et quod demum Domino permictente, partes illas guerris et mortalitatum pestibus graviter concuti, figura sive representacio, eciam ad mandatum ordinarii loci et ex aliis certis causis, de dicta ecclesia Beate Marie ad alium tuitiorem locum translata et decenter usque tunc recondita extiterat et venerabiliter custodita ; et quod idem Gaufridus ad ecclesie predicte decorem, devocionem populi et cultus divini augmentum cupiebat prefatam figuram sive representacionem in ecclesia predicta reponi, idem cardinalis quem tunc ad carissimum in Christo filium nostrum Carolum, regem Francorum illustrem, pro certis nostris et predicte Romane ecclesie negociis destinaveramus, quique faciendi, gerendi et exercendi, hujusmodi negociorum prosecutione durante, in civitatibus et diocesibus ac provinciis, per quas eundo et redeundo et in quibus moram trahere

mais une copie de Brouilloud, du xviiᵉ siècle. Il
suffit toutefois de lire cette bulle pour être assuré
qu'on n'a pas affaire à une pièce fausse : elle est

*ipsum contingeret, omnia et singula que Romane
ecclesie cardinalis legacionis fungens officio infra sue
legacionis terminos facere, gerere et exercere potest
a nobis facultatem habebat, quique per Senonensem
provinciam, de qua dicta diocesis Trecensis existat,
transitum fecerat, eidem Gaufrido, hujusmodi negociorum prosecucione durante, ut figuram seu representacionem predictam in prefata ecclesia Sancte
Marie congruo, honorabili et decenti loco poni et
collocari facere posset, diocesan[i] vel alterius cujus-
cumque non petita vel obtenta licencia, per litteras
suas indulserat ; quodque dicta figura sive representacio, hujusmodi indulti vigore, in dicta ecclesia
Beate Marie reposita fuerat decenter et quod, post-
modum venerabilis frater noster Petrus, episcopus
Trecensis, ex hujusmodi indulto commotus, in sua
synodo ultimo celebrata rectoribus parrochialium
ecclesiarum ac aliis quos proponere contingeret verbum Dei, ne de Sudario Jhesu Christi, figura seuque
representacione ipsius in suis ecclesiis aut sermonibus
sive in bono sive in malo aliquam mencionem facerent ;
ac demum dilecto filio decano ecclesie Beate Marie
predicte, ne sub excommunicacionis pena dictam figuram seu representacionem alicui ostenderet, inhibue-
rat ; a qua quidem inhibicione eidem decano facta,
pro parte dicti decani fuerat ad Sedem apostolicam
appellatum, et quia dicta figura sive representacio,
post appellacionem hujusmodi, populo publice exhibita*

de tous points conforme à la diplomatique ponti-
ficale de cette époque. Pour l'arguer de faux, il a

*extiterat et ostensa, nos indultum prefatum ex certa
sciencia, auctoritate apostolica confirmavimus et ni-
chilominus eidem decano et dilectis filiis capitulo dicte
ecclesie Beate Marie concessimus, quod, inhibicione
hujusmodi non obstante, figuram seu representacionem
eandem populo publice ostendere et ostendi facere
valerent, quociens foret oportunum, eidem episcopo
super inhibicione predicta perpetuum silencium impo-
nendo, prout in nostris inde confectis litteris plenius
continetur. Nos igitur circa modum ostensionis hujusmodi, ad omnem erroris et ydolatrie materiam sub-
movendam, de opportuno remedio providere intenden-
tes, volumus et tenore presencium auctoritate apostolica
statuimus quod, quocienscunque dictam figuram seu
representacionem deinceps populo ostendi contigerit,
decanus et capitulum predicti et alie persone ecclesias-
tice hujusmodi figuram seu representacionem osten-
dentes et in hujusmodi ostensione presentes quandiu
ostensio ipsa durabit, capis, superpelliciis, albis,
pluvialibus vel aliis quibuslibet ecclesiasticis indumen-
tis seu paramentis nullatenus propterea induantur,
nec alias solempnitates faciant que fieri solent in
reliquiis ostendendis, quedam propterea torticia facule
seu candele minime accendatur, nec eciam propterea
luminaria quecunque ibidem adhibeantur, quodque
ostendens dictam figuram, dum major ibidem conve-
nerit populi multitudo publice populo prebeat et dicat
alta et intelligibili voce, omnium fraude cessante,*
QUOD FIGURA SEU REPRESENTACIO PREDICTA NON EST

fallu à Piano (ouvr. cité plus loin, t. II, p. 281-7) l'aplomb et les subtilités dont ses congénères sont

VERUM SUDARIUM DOMINI NOSTRI JHESU CHRISTI, SED QUEDAM PICTURA SEU TABULA FACTA IN FIGURAM SEU REPRESENTACIONEM SUDARII, *quod fore dicitur ejusdem Domini nostri Jhesu Christi. Prefatas litteras nostras et earum effectum et voluntatem, ac statutum et ordinacionem nostra hujusmodi non sinaverint carere viribus decernentes... Nulli ergo, etc.*

Datum Avinioni, VIII *Idus Januarii, anno* XII.

[*Clemens, episcopus, servus servorum Dei, dilectis filiis Lingonen., Eduen. et Cathalaunen. officialibus, salutem et apostolicam benedictionem.*]

Dudum pro parte dilecti filii nobilis viri Gaufridi, domini loci de Lireyo, Trecencis diocesis, nobis exposito, ut in alia usque decernent, prout in aliis nostris litteris plenius continetur, Nos itaque cupientes ut voluntas ac statutum et ordinacio nostra predicta inviolabiliter observantur etc., mandamus quatinus vos vel duo aut unus vestrum per vos vel alium seu alios voluntatem, statutum et ordinacionem prefata, ubi et quando expedire videritis, auctoritate nostra solemniter publicantes, faciatis illa auctoritate predicta per censuram ecclesiasticam firmiter observari, contradictores, etc. Non obstantibus si eisdem decano et capitulo ac personis vel quibusvis aliis communiter vel divisim a Sede apostolica sit indultum quod interdici, suspendi vel excommunicari non possunt per litteras apostolicas non facientes plenam et expressam ac de verbo ad verbum de indulti hujusmodi menciomen,

Datum Avinioni, VIII *Idus Januarii, anno* XII.

coutumiers dans la défense des bulles de la plus insigne fausseté. L'histoire des fabrications de faux est aujourd'hui mieux connue : dans l'espèce, on en créait pour établir l'authenticité d'une dévotion et non pour la nier. — 2° Elle émane de Clément VII, qualifié d'ordinaire d'antipape. Je dois le dire tout d'abord : les faits qui ressortent de l'étude plus complète du XIVe siècle ecclésiastique ne concordent pas toujours avec les idées qui ont cours vulgairement. A l'époque dont il s'agit, il n'y avait pas un pape vrai et un ou plusieurs antipapes. Chacun des pontifes opposés était considéré comme le pape véritable dans son obédience, et celle de Clément VII était non moins considérable que celle de son adversaire Boniface IX. La papauté conserve précieusement dans les archives du Vatican aussi bien les minutes ou copies des bulles des pontifes d'Avignon que de ceux de Rome. On a compté des saints dans les deux obédiences ; il est même remarquable que Louis Aleman, seul archevêque d'Arles pendant une partie du schisme, excommunié par Eugène IV, a été béatifié par Clément VII (de Rome) en 1527. De chaque côté on était fermement persuadé de la légitimité exclusive du pape auquel on obéissait ; on affectait de réitérer cette déclaration dans son testament. Personne à Lirey n'a contesté l'autorité de la bulle de 1390.

Après ces débats, la dévotion à l'image du saint Suaire dut s'affaiblir rapidement dans nos contrées, et les pèlerins oublièrent sans doute le chemin de Lirey. Pendant vingt-huit ans, la nuit se fait autour de cette controverse.

Nous sommes en 1418. La France est désolée par l'invasion étrangère et par la guerre civile ; le parti bourguignon et son chef Jean-sans-Peur avec Isabeau de Bavière dominent à Troyes ; des pillards, gens de sac et de corde, parcourent nos campagnes et jettent partout l'effroi. Dans ces conjonctures, les chanoines de Lirey confient ce qu'ils ont de plus précieux dans le Trésor de leur église à Humbert, comte de la Roche. seigneur de Villersexel et de Lirey, gendre et successeur de Geoffroy II de Charny. Le 6 juillet, le comte Humbert délivrait ce reçu aux chanoines :

« Hombart, comte de la Roche, seigneur de Vilar
« Cessey et de Lirey, savoir faisons à tous que pour
« la guerre qui à présent est, et pour le double des
« gens de male volonté, avons reçu par la main de nos
« amis chappelains, doyen et chapitre de Nostre-Dame
« du dict Lirey des joyaulx et sanctuaires de la dicte
« église, les choses qui s'ensuyvent : premiers, ung
« drap ou quel est la figure ou representation du suaire
« Nostre Seigneur Jesu Crist, le quel est en ung coffre
« armoyé des armes de Charny... Les quels joyaux et
« reliquaires pour la seureté d'estre bien et seurement
« gardés en nostre chastel de Montfort avons prins et
« receus en garde, et promettons en bonne foy pour nous,
« et les aiant cause de nous, de les restituer et bailler à
« la dicte église, toutefois que la tribulation qui à pré-

« sent est en France sera finie, et nous en serons requis
« de par nos dicts chappelains (1) ».

Humbert mourut sans avoir rien restitué à ses com-
mettants. Vingt-cinq ans s'étaient écoulés depuis que
l'image du saint Suaire avait quitté Lirey ; après l'avoir
vainement réclamée à Marguerite de Charny, veuve de
Humbert, les chanoines provoquèrent une sentence de
la cour de Dôle, qui, les 8 et 9 mai 1443, les parties
entendues, condamna Marguerite à restituer l'image
vénérée. Toutefois la cour autorisait la dame de Lirey
à conserver le suaire jusqu'au 8 mai 1446, à la condition
de payer aux légitimes propriétaires une forte indemnité
prise sur les aumônes qu'elle recueillerait (2).

En 1446, le procès recommence, et Marguerite, en
renouvelant les mêmes promesses, obtient de l'officialité
de Besançon, le 18 juillet 1447, le droit de garder l'image
du saint Suaire jusqu'au 28 octobre 1449 (3).

Dans le courant de cette année, parmi les nombreux
questains qui sillonnent l'Europe catholique, avec des
reliques ou des fac-simile de reliquaires, on voit en
Belgique Marguerite de Charny qui, pour battre monnaie, montre l'image du saint Suaire, affirmant que
c'est le vrai Suaire qui a touché le corps du Sauveur et
qui est tout imprégné de son sang. Jean de Heinsberg,
évêque de Liège, fait arrêter Marguerite à Cimai [Chi-
may], dans le Hainaut. Deux ecclésiastiques d'une grande
science, l'abbé du monastère d'Aulne et Henri Bakel,
chanoine de Liège, sont chargés d'examiner le linge

<hr>

(1) Archiv. de l'Aube. F[onds de] Lirey.
(2) CHIFFLET, *ibid.*, p. 106.
(3) *Ibid.*

vénéré : ils déclarent que sur ce tissu ont été peints avec
un art infini les linéaments des membres de Jésus-Christ,
avec la représentation de ses blessures sanglantes ; ils
trouvent aussi sur la dame de Lirey l'indult du cardinal
Pierre de Thurey et les deux bulles de Clément VII,
documents qui attestent, au rapport des experts, que le
linge en question n'est pas le vrai Suaire du Sauveur,
mais seulement une image ou représentation du vrai
Suaire. Tel est le récit de Corneille Zantfliet, moine de
Saint-Jacques de Liège, auteur contemporain (1). Marguerite fut éloignée du diocèse de Liège.

La dame de Lirey était à Troyes au mois d'octobre ;
il s'agissait pour elle d'obtenir un nouveau sursis, afin
de conserver encore l'image du saint Suaire. Le 6 no-
vembre 1449, elle se fait délivrer par le prévôt de Troyes
cette nouvelle permission pour trois ans : elle promettait
une grosse indemnité aux chanoines, et, de plus, s'enga-
geait à faire construire à Lirey un fort pour mettre en
sûreté, disait-elle, le plus riche joyau de la collégiale
fondée par son grand-père (2).

Avant l'expiration du délai qu'elle avait obtenu, Marguerite de Charny, par lettres authentiques datées du 22
mars 1452 [1453 n. st. ?], à Chambéry, cédait l'image
du saint Suaire à Charlotte de Lusignan, épouse de
Louis, duc de Savoie (3). L'année suivante, avait lieu

(1) *Chronicon* Cornelii ZANTFLIET, ad an. 1449.
(2) CHIFFLET, *ibid.*, p. 106.
(3) [La femme du duc Louis se nommait *Anne*, fille de
Jean II, roi de Chypre ; leur fille *Charlotte* épousa le dau-
phin Louis XI. Les historiens du saint Suaire ont attribué
à une circonstance merveilleuse la décision de Marguerite de
se dessaisir de son joyau. PINGON (Philib.), *Sindon evangelica,*

la translation solennelle de l'image vénérée. Le duc de Savoie fit frapper une médaille commémorative de cette cérémonie, portant d'un côté l'effigie ducale, et de l'autre l'image du saint Suaire, avec cette légende : † Sancta Sindon D. N. Iesv Xpi. M. IIIIᵉ LIII (1). Malgré toutes les protestations les plus justes et les plus énergiques du chapitre de Lirey, en vertu de la théorie ancienne et moderne du fait accompli, la maison de Savoie prit tranquillement possession de l'image du saint Suaire, qui est maintenant dans le palais royal de Turin.

Après mille démarches, les chanoines de Lirey obtiennent, en 1457, de l'officialité de Besançon, une sentence qui condamnait Marguerite, sous peine d'excommunication, à restituer à ses légitimes propriétaires l'image qu'elle avait injustement aliénée ; mais Marguerite meurt sans s'être soumise (2).

1581 et 1777, in-4° ; Capré (Franç.), *Traité du saint.Suaire de Turin*, 1654, in-fol. ; Piano (Lazz. Gius.), *Comentarii critico-archeologici sopra la SS. Sindone di N. S. G. C. venerata in Torino*, 1833, 2 vol. in-4°, t. I, p. 303 suiv.]

(1) *Ibid.*, p. 107 et 120. [La légende de l'avers était (Piano, op. cit., t. I, p. 370, pl.) : Ludovi. dux Sabav. marchio in Italia. Le savant numismate Domen. Promis tenait pour apocryphes ces monnaies, reproduites par Pingon et d'autres historiens, mais dont il n'avait jamais rencontré d'exemplaire. Du moins « ce n'étaient ni des monnaies ni des jetons, mais des médailles frappées du temps de Charles-Emmanuel Iᵉʳ ou d'Emmanuel-Philibert » (*Mém. de l'Acad. de Savoie*, 2ᵉ série, t. X, p. 119). Le Suaire fut déposé, dès l'abord (en 1453), dans l'église des Cordeliers de Chambéry ; il y fut remis avant sa translation solennelle dans le trésor de la Sainte-Chapelle, qui eut lieu le 11 juin 1502, comme je l'annoterai plus loin.]

(2) Chifflet, *ibid.*, p. 111.

Au commencement de l'année 1464, le duc Louis de Savoie étant à Paris, le doyen et les chanoines de Lirey lui firent présenter par deux de leurs confrères, Nicolas de la Rothière et Jean Larrécier, une supplique dans laquelle ils exposaient : que Geoffroy Iᵉʳ de Charny, fondateur de Notre-Dame de l'Annonciation de Lirey, leur avait donné *un suaire vénérable représentant l'effigie du Sauveur* (1) ; que le donateur avait entre autres l'intention d'attirer à la collégiale de nombreux pèlerins et d'abondantes aumônes ; que l'image vénérée, à cause des guerres qui désolaient le pays, fut confiée en garde à Humbert, comte de la Roche et seigneur de Lirey ; que Humbert la laissa en mourant à sa veuve Marguerite de Charny, qui la passa au duc Louis de Savoie'; que la privation de l'image du saint Suaire causait à la collégiale de graves dommages ; qu'en conséquence, les chanoines suppliaient le duc de leur restituer l'image vénérée ou de leur donner une compensation. Les porteurs de cette supplique, où l'on voit trop percer l'esprit d'intérêt, étaient munis de pleins pouvoirs signés par le chapitre de Lirey et par Louis Raguier, évêque de Troyes. Le 6 février 1464, le duc de Savoie reconnaît que l'image du saint Suaire est entre ses mains, sans dire nettement à quel titre (2) ; et, pour dédommager les

(1) Quoddam sacratissimum Sudarium effigiem J.-C. representans. (Camuzat, *Promptuar[ium ss. antiquit. Tricass. diœc., 1610]*, fol. 423 rᵒ.

(2) Il dit : *Margarita... apud nos transtulit.* Et plus bas : *Ob remissionem seu translationem nobis factam...* Marguerite lui a *remis, passé* l'image ; est-ce par acte de donation, ou contrat de vente, soit positive soit déguisée ? *(Ibid.)*

chanoines, il s'engage à leur payer à perpétuité 50 francs d'or petits, monnaie de Savoie, qui tous les ans seront pris et levés avec droit d'hypothèque sur les revenus de son château dit Château-Gaillard, près de Genève (1).

S'agit-il d'un acte de cession qui aliène d'une manière définitive et authentique l'image du saint Suaire? On le croirait, puisque le duc s'engage à payer tous les ans *à perpétuité* la compensation demandée par les chanoines ; toutefois, ces derniers, même après la transaction du 6 février, s'opposaient encore à la levée de l'excommunication portée contre Marguerite de Charny, morte sans être absoute. Le duc Louis dut leur écrire de Paris, le 23 mai de la même année, pour les conjurer de renoncer à leur opposition (2).

Enfin, une longue période de vénération et de gloire va s'ouvrir pour l'image du saint Suaire qui, bientôt, entrera en possession tranquille des hommages publics. Dès l'année 1466, le *Bienheureux* Amédée (IX), duc de Savoie, fils et successeur du duc Louis, de concert avec sa femme, Yolande de France, fille de Charles VII et sœur de Louis XI, faisait construire dans la forteresse de Chambéry une chapelle somptueuse où devait être conservée et vénérée l'image du saint Suaire. Le duc demandait en même temps au Saint-Siège d'approuver cette dévotion. Le pape Paul II érigea la nouvelle chapelle en collégiale le 2 mai 1467 ; et, ouvrant les trésors spirituels de l'Eglise, il accorda de nombreuses indulgences à ceux qui visiteraient la pieuse image avec les dispositions convenables (3).

(1) *Ibid.*
(2) CHIFFLET, *ibid.*, p. 118.
(3) [La bulle, du 21 avril *(undecimo kal. maii)* 1467, est

Sixte IV, Jules II (1) et Léon X enrichirent de nouvelles grâces le pèlerinage, la confrérie, l'office et la fête en l'honneur du saint Suaire, successivement établis dans la Sainte-Chapelle de Chambéry (2). La tradition d'un culte public et autorisé s'établit, et bientôt, des foules ardentes et émues se pressèrent de tous côtés sur les sentiers qui menaient à l'image vénérée.

De nobles têtes vinrent s'incliner devant elle en répandant de magnifiques libéralités : on vit tour à tour, après le *Bienheureux* Amédée et Yolande de France, Philibert II de Savoie et sa femme Marguerite d'Au-

muette au sujet du saint Suaire. Elle autorise le duc et la duchesse de Savoie à ériger dans leur château de Chambéry une chapelle, *quæ collegiata sit et capella ducalis nuncupetur,* où ils se proposent de conserver de fort précieuses reliques *(pro conservatione quarumdam pretiosissimarum reliquiarum)* qu'ils possèdent *(Mém. de l'Acad. de Savoie,* 2ᵉ série, t. X, p. 223-9). Rien non plus de l'insigne relique dans les bulles de 1472 et 1474, qui concernent les dignités de la nouvelle fondation : *Capellam Sanctam vulgariter nuncupatam (ibid., p. 239-46). Elle figure au premier rang dans l' « Inventaire des reliques, meubles et ornements de l'église de la Sainte-Chapelle du château de Chambéry », dressé le 6 juin 1483 : Primo quidem, sanctum Sudarium, existens in una cassa coperta veluto cramesino, munito cum clavis argenteis deauratis ; quod quidem Sudarium est in dicta capella sancta castri Chamberiaci » (ibid., p. 248 ; A. Fabre, *Trésor de la chapelle des ducs de Savoie,* 1868, p. 46).]

(2) [La bulle de Jules II, du 25 avril 1506, qui donne intégralement le texte de l'office du saint Suaire, a été publiée par Pingon, ouvr. cité, p. 49-64.]

(3) *Ibid.*, p. 120-122.

triche ; Philippe Ier, dit le Beau, roi d'Espagne, François Ier, roi de France, et Charles III, dit le Bon, duc de Savoie (1)...

Le Ciel même, par des miracles dont l'authenticité paraît établie, voulut confirmer, pour ainsi dire, et les indulgences attachées par les papes au culte de l'image du saint Suaire, et les marques de dévotion prodiguées par les foules à cette image vénérée (2).

Un instant seulement, en 1473, on crut que ces démonstrations enthousiastes allaient être troublées : deux messagers, Marc de Vaudrey, de la maison de Saint-Phal, licencié en décret, protonotaire apostolique, chanoine et archidiacre de Besançon, et Hugues Mergey, maître ès-arts, munis de lettres, en date du 14 mai, scellées du sceau de Lirey, arrivaient à Chambéry et se présentaient devant la veuve de Louis de Savoie. Ils réclamaient la rente annuelle de 50 francs d'or, stipulée dans la transaction de 1464, rente qui n'avait jamais été payée ; et, en conséquence de l'inexécution d'une clause qu'ils regardaient comme résolutoire, ils demandaient de rentrer en possession de l'image du saint Suaire (3). Quelle fut l'issue de cette affaire ? Ce que nous savons, c'est qu'à partir de cette époque, l'image vénérée resta sans trouble aux mains des ducs de Savoie, qui la gardèrent jusqu'à nos jours comme une égide protectrice. Elle suivait les ducs quand ils changeaient de résidence, elle demeura en particulier 27 ans à Verceil (4). Elle

(1) *Ibid.*, p. 122.
(2) *Ibid.*, p. 123 et seqq.
(3) *Ibid.*, p. 118.
(4) [Le plus ancien témoignage de l'authenticité du saint Suaire remonte à la translation qu'en fit effectuer, le 11 juin

était de retour à Chambéry depuis 1562, lorsqu'en 1578 on apprit que, pour la vénérer, saint Charles Borromée quittait Milan à pied. Aussitôt, le duc Emmanuel-Phi-

1502, le duc Philibert II : « Sacrosanctum Sudarium *(suppléer* in quo) sanctissimum ac pretiosissimum redemptoris nostri Jesu Christi corpus postquam a salutifero crucis patibulo depositum exstitit sacra involutum fuisse testantur eloquia..., in quo non solum eminent vulnerum et plagarum, ac ipsius pretiosissime *(sans doute* pretiosissimi) sanguinis vestigia, sed et totius corporis sanctissimi effigies. » Ce fut l'évêque de Grenoble, Laurent Alleman, qui fit la cérémonie entouré d'un grand nombre de prêtres, en présence du duc, de la duchesse Marguerite d'Autriche, sa femme, du prince Charles de Savoie, son frère, de François de Luxembourg, du maréchal de Savoie Hugues de la Palud, de personnages distingués et d'une foule de fidèles. Le suaire fut tiré de l'église des Franciscains de Chambéry, où le duc l'avait fait déposer, et placé « in quodam armario in ipsa capella et infra menia ipsius e contra ipsum magnum altare constructo... valvis ferreis et quatuor seris quatuor clavibus munitis clauso » ; le duc garda deux de ces clefs, remit la troisième aux chanoines et la quatrième au président de la Chambre des Comptes *(Mém. de l'Acad. de Savoie,* 2ᵉ série, t. X, p. 281-4). Avant de me prononcer sur l'absolue authenticité de cette pièce, qui commence ainsi : « Etsi Olympi rector inclitam, antiquissimam et illustrissimam domum Sabaudie... decoraverit..., dignum est tam divas reliquias... », j'avoue sentir la nécessité d'en examiner l'original, conservé aux « Archives de Turin ». — Dès l'année suivante, le duc de Savoie fit porter le Suaire au château de Pont-d'Ain, pour le montrer à l'archiduc Philippe, son beau-frère, puis au château de Billiat ; il ne fut réintégré à Chambéry qu'en 1506. Un violent incendie, qui éclata le 4 décembre 1532 dans les stalles des chanoines de la Sainte-Chapelle, manqua dé-

libert et Marguerite de France, sa femme, firent transporter solennellement l'image miraculeuse au devant du saint évêque jusqu'à Turin, où elle arriva le 14 septembre, et où elle est demeurée jusqu'à nos jours.

L'image du saint Suaire est gardée dans la chapelle *del SS. Sudario,* derrière le maître-autel de la cathédrale. Cette chapelle, d'un style bizarre, a été élevée à grands frais d'après les dessins du P. Guarini, de l'ordre des Théatins. Au milieu, sur un autel en marbre noir, dans une châsse d'argent, repose l'image vénérée, protégée par une grille en fer doré, avec une serrure à trois clefs.

De nos jours, l'image du saint Suaire a été tirée deux fois de sa châsse et solennellement exposée ; ces ostensions eurent lieu en présence de la famille royale : la première au mariage du prince héréditaire Victor-Em-

truire la précieuse relique; le dévouement d'un gentilhomme la sauva de la destruction. Des doutes circulèrent néanmoins sur l'identité du suaire présenté ensuite à la dévotion des fidèles. A la demande du duc Charles III, le pape Clément VII commit son légat, le cardinal Louis de Gorrevod, pour procéder à la vérification du « pannum, sindon nuncupata Salvatoris nostri Jesu Christi, *ut pie creditur* » ; la reconnaissance eut lieu le 15 avril 1534 (Léon BOUCHAGE, *Le saint Suaire de Chambéry à Sainte-Claire en ville,* dans *Congrès des sociétés savantes savoisiennes,* 1891, xi⁰ série, p. 261-82). Le même duc, menacé en 1536 par les Français, les Bernois et les Genevois, se retira à Verceil, emportant avec lui le saint Suaire, qui le suivit l'année suivante à Nice. Il repartit pour Verceil, en 1541, avec la précieuse relique, laquelle ne fut réintégrée dans la Sainte-Chapelle de Chambéry que vingt ans après, en vertu de lettres-patentes du duc Emmanuel-Philibert, en date du 15 avril 1561.]

manuel, le 14 avril 1842, et la seconde au mariage du prince Humbert, fils aîné de Victor-Emmanuel, le vendredi 14 mai 1868 (1).

Notre tâche est terminée : nous voulions établir l'identité de l'image du saint Suaire conservée autrefois à Lirey et de celle qui est vénérée maintenant à Turin. Nous abandonnons à d'autres le labeur de prouver l'authenticité du Suaire en question ; que d'autres aussi étudient sous le rapport archéologique cette étoffe orientale pour en signaler le tissu curieux, en rechercher la provenance et en indiquer l'âge. Enfin, nous croyons superflu de concilier la conduite des évêques de Troyes et de Liège avec celle des papes au sujet des hommages rendus à l'image du saint Suaire ; l'opposition n'est qu'apparente. Les évêques se plaçaient au point de vue de l'opportunité du culte, tandis que les papes, sans préjuger et sans décider la question d'authenticité, partant des principes absolus de la théologie en cette matière, recommandaient la vénération de l'image du saint Suaire considérée comme *mémorial* de la Passion du Sauveur. C'est d'après ces principes que Jacques de Troyes, plus tard Urbain IV, notre compatriote, fit tirer une copie de la Véronique ou sainte Face, et l'envoya de Rome le 3 juin 1249 à l'abbaye de Montreuil-les-Dames (Aisne), où elle donna naissance à un pèlerinage si célèbre au Moyen-Age et dans les temps modernes. C'est encore en vertu de ces principes qu'à Rome on a multiplié et propagé les fac-similés des saints Clous de la Passion.

---

(1) L'*Unità cattolica*, citée par l'*Univers* (samedi 9 mai 1868), rend compte de cette dernière cérémonie ; le *Monde* donne une description détaillée du saint Suaire.

Pour résumer cette étude, tendant à montrer que le Suaire de Turin est une copie peinte de main d'homme, deux points étaient à établir : — 1° le linceul conservé dans l'ancienne capitale du Piémont est bien le même qui était vénéré au XIVe siècle dans la collégiale de Lirey : sur cette question, il y a unanimité parmi les historiens et le prospectus officiel de la « fotografia autentica della SS. Sindone » en fait encore foi ; — 2° le Suaire de Lirey était une figure ou représentation du linceul dans lequel le corps de N.-S. J.-C. fut enseveli : d'une part, de 1353 à 1449, les documents émanant de l'autorité épiscopale ou papale en défendent l'ostension à titre d'original ; d'autre part, aucune pièce autorisée n'établit formellement l'authenticité du Suaire de Chambéry avant son arrivée dans cette ville ; tardivement, en 1533, Clément VII parle encore du *sindon ut pie creditur :* c'était, non une vérité irréfragable, mais une pieuse croyance, comme il en est tant dans l'Eglise, et que Rome n'avait pas à blâmer.

On pourrait faire valoir d'autres raisons, d'ordres divers, pour arriver à la même conclusion (1).

(1) Une expérience chimique donnerait le moyen de trancher la question : l'autorisera-t-on ? Un réactif permettrait de vérifier, à n'en pas douter, s'il y a ou non trace de peinture sur le tissu.

Celles qui ont été développées ici suffiront à tous ceux qui sont tant soit peu exercés aux recherches historiques d'après les sources.

P.-S. — L'authenticité de la bulle du 6 janvier 1390 est mise hors de tout conteste par la présence aux Archives du Vatican, dans le registre 261 de la série d'Avignon (f° 227), de la lettre adressée le même jour *(Avinione,* VIII *idus januarii, anno duodecimo),* à l'évêque de Troyes, Pierre [d'Arcis] : *Cum dudum dil. fil. noster Petrus, tit. S. Susanne presbyter cardinalis, ... dil. fil. nobili viro Gaufrido, domino loci de Lireyo dicte dioc., ut ipse quandam figuram sive representationem Sudarii domini nostri Ihesu Xristi....* (Communication obligeante de M. G. de Manteyer, membre de l'école française de Rome.)